Das Max und Moritz Buch

The original verse and drawings with language notes

Wilhelm Busch

Edited by
Werner Me

D1124789

National Textbook Company
a division of NTC/CONTEMPORARY PUBLISHING GROUP
Lincolnwood, Illinois USA

ISBN: 0-8442-2252-6

Published by National Textbook Company,
a division of NTC/Contemporary Publishing Group, Inc.,
4255 West Touhy Avenue,
Lincolnwood (Chicago), Illinois 60646-1975 U.S.A.
© 1992, 1983, 1976 by NTC/Contemporary Publishing Group, Inc.
Library of Congress Catalog Card Number: 91-61597
Manufactured in the United States of America.

5 6 7 8 9 10 11 12 13 14 <u>045</u> 10 09 08 07 06 05 04 03 02 01

Introduction

The inimitable pranks of *Max und Moritz*, written and illustrated by Wilhelm Busch (1832-1908), have amused readers and captured their imagination for well over one hundred years. Capitalizing on his talents as both a poet and graphic artist, Busch created these short, witty rhymes and illustrated them with insightfully satirical drawings that, together, expose human foibles to good-natured ridicule.

One of the originators of the comic strip form, young Wilhelm Busch began contributing "picture sheets" (humorous, illustrated stories without dialogue) to Germany's foremost comic weekly, *Der Fliegende Blätter.* Later, his collections of illustrated poems attracted a huge audience both in Germany and abroad. The most beloved of these collections was *Max und Moritz,* which was first published in 1858. The book was soon translated into the major European languages and its popularity spread throughout the Continent. The success of *Max und Moritz* was such that by 1910, more than five hundred thousand copies were sold in German-language editions alone.

A significant factor in the book's wide readership is Wilhelm Busch's graphic style, which, by means of a few simple strokes, can capture the energy and excitement of a comic moment. Evidence of the enduring popularity of this collection is that its rhymes are still widely quoted in the writings and conversations of German-speakers.

This edition of *Max und Moritz* has been prepared especially for English-speaking readers who wish to increase their vocabulary and improve their reading skills in German. Numerous aids have been provided to facilitate the reader's enjoyment. For example, Vocabulary Notes at the back of the book offer easy page-by-page references for difficult or unusual words and expressions. A general German-English Vocabulary follows the Notes, helping the reader to avoid frequent, distracting use of the dictionary. All words likely to cause difficulty for the reader are listed in the general Vocabulary.

Finally, for those who wish to sharpen their German-language skills, exercises have been provided after each of the seven chapters of the book. These have been divided into three categories: Set A—*Basic Vocabulary,* Set B—*Grammar,* and Set C—*Comprehension.* These exercises are an entertaining *and* effective way to improve one's German. They also help make this edition suitable for self-study, as well as for work in small groups and German classes.

Viel Spaß!

THE EXERCISES

The exercise sets A, B, and C following each of the seven chapters are designed to familiarize students with vocabulary and grammar and to aid comprehension. Any particularly tricky, difficult, or outdated usages are avoided. To facilitate correction, each set of exercises contains exactly twenty items.

SET A: Basic Vocabulary and Plot

1. Pictures of the key characters and objects to be identified
2. A list of events to be arranged in chronological order
3. Definitions and words to be matched

SET B: Grammar

1. Past tense of verbs
2. Present perfect tense of verbs
3. Prepositions
4. Articles
5. Verb prefixes
6. German synonyms
7. Compound words
8. Sentence patterns
9. Adjective endings
10. Noun plurals

SET C: Comprehension

1. True-false questions
2. Development of story

Inhalt

Vorwort

Ach, was muß man oft von bösen
Kindern hören oder lesen!!
Wie zum Beispiel hier von diesen,

Welche Max und Moritz hießen;

Die, anstatt durch weise Lehren
Sich zum Guten zu bekehren,
Oftmals noch darüber lachten
Und sich heimlich lustig machten. —
— Ja, zur Übeltätigkeit,
Ja, dazu ist man bereit! —
— Menschen necken, Tiere quälen,
Äpfel, Birnen, Zwetschen stehlen —
Das ist freilich angenehmer
Und dazu auch viel bequemer,
Als in Kirche oder Schule
Festzusitzen auf dem Stuhle. —
— Aber wehe, wehe, wehe!
Wenn ich auf das Ende sehe!! —
— Ach, das war ein schlimmes Ding,
Wie es Max und Moritz ging.
— Drum ist hier, was sie getrieben,
Abgemalt und aufgeschrieben.

Erster Streich

Mancher gibt sich viele Müh'
Mit dem lieben Federvieh;
Einesteils der Eier wegen,
Welche diese Vögel legen,
Zweitens: weil man dann und wann
Einen Braten essen kann;
Drittens aber nimmt man auch
Ihre Federn zum Gebrauch
In die Kissen und die Pfühle,
Denn man liegt nicht gerne kühle. —

Seht, da ist die Witwe Bolte,
Die das auch nicht gerne wollte.

Ihrer Hühner waren drei
Und ein stolzer Hahn dabei. —

Max und Moritz dachten nun:
Was ist hier jetzt wohl zu tun? —
— Ganz geschwinde, eins, zwei, drei,
Schneiden sie sich Brot entzwei,

In vier Teile, jedes Stück
Wie ein kleiner Finger dick.
Diese binden sie an Fäden,
Übers Kreuz, ein Stück an jeden,
Und verlegen sie genau
In den Hof der guten Frau. —
Kaum hat dies der Hahn gesehen,
Fängt er auch schon an zu krähen:

Kikeriki! Kikikerikih!! —
Tak, tak, tak! — da kommen sie.

Hahn und Hühner schlucken munter
Jedes ein Stück Brot hinunter;

Aber als sie sich besinnen,
Konnte keines recht von hinnen.

In die Kreuz und in die Quer
Reißen sie sich hin und her,

Flattern auf und in die Höh',
Ach herrje, herrjemine!

Ach, sie bleiben an dem langen,
Dürren Ast des Baumes hangen. —
— Und ihr Hals wird lang und länger,
Ihr Gesang wird bang und bänger;

Jedes legt noch schnell ein Ei,
Und dann kommt der Tod herbei. —

Witwe Bolte in der Kammer
Hört im Bette diesen Jammer;

Ahnungsvoll tritt sie heraus:
Ach, was war das für ein Graus!

„Fließet aus dem Aug', ihr Tränen!
All mein Hoffen, all mein Sehnen,
Meines Lebens schönster Traum
Hängt an diesem Apfelbaum!!"

Tiefbetrübt und sorgenschwer
Kriegt sie jetzt das Messer her;
Nimmt die Toten von den Strängen,
Daß sie so nicht länger hängen,

Und mit stummem Trauerblick
Kehrt sie in ihr Haus zurück. —

Dieses war der erste Streich,
Doch der zweite folgt sogleich.

Erster Streich-A

Choose the word which best describes each picture.

der Hahn, der Faden, das Ei, die Witwe, der Ast, das Kreuz, der Hals, das Messer, das Huhn, das Brot

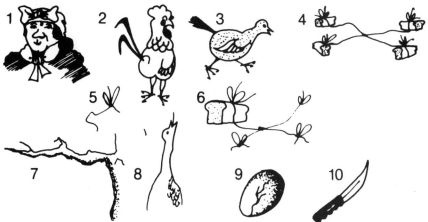

List the events in chronological order.

11 *Die Witwe Bolte hört die Hühner.*

12 *Die Hühner essen das Brot.*

13 *Die Hühner hängen vom Baume.*

14 *Die Witwe bringt die Hühner ins Haus.*

15 *Max und Moritz legen das Brot in den Hof.*

Choose the word to which each sentence refers.
Birnen, der Tod, der Hof, der Jammer, Federn

16 *Max und Moritz stehlen sie.*

17 *Das Brot liegt darin.*

18 *Frau Bolte im Bette hört ihn.*

19 *Die sind im Kissen.*

20 *Es ist das Ende der Hühner.*

Erster Streich-B

Give the past tense of each verb to agree with the subject.

1 *welche (heissen)*   who were called

2 *die (lachen)*   who laughed

3 *die (machen)*   who made

4 *es (gehen)*   it went, it was

5 *die (wollen)*   who wanted

6 *M & M (denken)*   M & M thought

7 *keines (können)*   none could

Give the past participle of each verb.

8 *treiben* (done)

9 *abmalen* (pictured, portrayed)

10 *aufschreiben* (written down)

11 *sehen* (seen)

In each of the following clauses, *welche* and *die* mean *who* or *which*. Choose the subject to which the *welche* or *die* of each clause refers.

Max und Moritz, böse Kinder, Eier, die Witwe

12 *welche Max und Moritz hiessen*

13 *die oftmals noch darüber lachten*

14 *welche diese Vögel legen*

15 *die das auch nicht gerne wollte*

Choose the correct preposition for each phrase.

mit, auf, von, wegen, an

16   *bösen Kindern hören* (hear about wicked children)

17 *der Eier*   (on account of the eggs)

18 *gibt sich Mühe*   *dem Federvieh* (take pains with the poultry)

19 *binden ein Stück*   *jeden* (bind a piece on each one)

20   *das Ende sehe* (look upon the end)

Erster Streich-C

Answer each question *ja* or *nein* according to the context of the story.

1 *Sind Max und Moritz böse Kinder?*

2 *Wollen Max und Moritz lernen?*

3 *Haben Max und Moritz ein schlimmes Ende?*

4 *Haben viele Menschen die Hühner gern?*

5 *Essen die Hühner Braten gern?*

6 *Liegt man gerne kühl im Bett?*

7 *Will die Witwe Bolte warm im Bett liegen?*

8 *Hat die Witwe Bolte drei Hähne?*

9 *Gibt es nur zwei Brotstücke im Kreuz?*

10 *Binden Max und Moritz Finger an die Fäden?*

11 *Kräht der Hahn: Kikeriki?*

12 *Essen die Hühner das Brot gern?*

13 *Verstehen die Hühner endlich das Problem?*

14 *Reissen die Hühner sich hin und her?*

15 *Sind die Hühner bequem am Ast des Baumes?*

16 *Lachen Max und Moritz wohl über den Tod der Hühner?*

17 *Geht es den Hühnern gut am Ende?*

18 *Kommt der Tod der Eier wegen?*

19 *Schneidet Witwe Bolte den Ast mit dem Messer?*

20 *Fliessen Tränen aus den Augen der Hühner?*

Zweiter Streich

Als die gute Witwe Bolte
Sich von ihrem Schmerz erholte,
Dachte sie so hin und her,
Daß es wohl das beste wär',
Die Verstorb'nen, die hienieden
Schon so frühe abgeschieden,
Ganz im stillen und in Ehren
Gut gebraten zu verzehren. —
— Freilich war die Trauer groß,
Als sie nun so nackt und bloß
Abgerupft am Herde lagen,
Sie, die einst in schönen Tagen
Bald im Hofe, bald im Garten
Lebensfroh im Sande scharrten. —

Ach, Frau Bolte weint aufs neu',
Und der Spitz steht auch dabei. —

Max und Moritz rochen dieses;
„Schnell aufs Dach gekrochen!" hieß es.

Durch den Schornstein mit Vergnügen
Sehen sie die Hühner liegen,
Die schon ohne Kopf und Gurgeln
Lieblich in der Pfanne schmurgeln. —

Eben geht mit einem Teller
Witwe Bolte in den Keller,

Daß sie von dem Sauerkohle
Eine Portion sich hole,
Wofür sie besonders schwärmt,
Wenn er wieder aufgewärmt. —

— Unterdessen auf dem Dache
Ist man tätig bei der Sache.
Max hat schon mit Vorbedacht
Eine Angel mitgebracht. —

Schnupdiwup! da wird nach oben
Schon ein Huhn heraufgehoben.

Schnupdiwup! jetzt Numro zwei;
Schnupdiwup! jetzt Numro drei;
Und jetzt kommt noch Numro vier:
Schnupdiwup! dich haben wir!! —
Zwar der Spitz sah es genau,
Und er bellt: Rawau! Rawau!

Aber schon sind sie ganz munter
Fort und von dem Dach herunter. —

— Na! Das wird Spektakel geben,
Denn Frau Bolte kommt soeben;
Angewurzelt stand sie da,
Als sie nach der Pfanne sah.

Alle Hühner waren fort —
„Spitz!!"—das war ihr erstes Wort. —

„Oh, du Spitz, du Ungetüm!!
Aber wart! ich komme ihm!!!"
Mit dem Löffel, groß und schwer,
Geht es über Spitzen her;

17

Laut ertönt sein Wehgeschrei,
Denn er fühlt sich schuldenfrei. —

— Max und Moritz im Verstecke
Schnarchen aber an der Hecke,
Und vom ganzen Hühnerschmaus
Guckt nur noch ein Bein heraus.

Dieses war der zweite Streich,
Doch der dritte folgt sogleich.

Zweiter Streich-A

Choose the word which best describes each picture.

der Herd, das Dach, der Schornstein, die Pfanne, der Teller, die Angel,
der Sauerkohl, der Löffel, die Hecke, das Bein

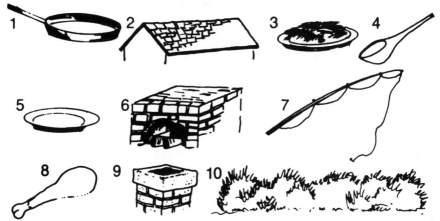

List the events in chronological order.

11 *Max und Moritz nehmen die Hühner.*

12 *Frau Bolte geht in den Keller.*

13 *Max und Moritz essen den Hühnerbraten.*

14 *Max und Moritz riechen den Hühnerbraten.*

15 *Frau Bolte folgt Spitz mit dem Löffel.*

Choose the word to which each sentence refers.

die Gurgel, der Schmerz, das Ungetüm, der Keller, der Spitz

16 *Witwe Bolte erholt sich davon.*

17 *Er bellt: Rawau!*

18 *Die Hühner sind ohne sie.*

19 *Witwe Bolte holt Sauerkohl davon.*

20 *Frau Bolte nennt Spitz diesen Namen.*

Zweiter Streich-B

Give the past tense of each verb to agree with the subject.

1 *sie (scharren)*   they scratched

2 *M & M (riechen)*   M & M smelled

3 *Spitz (sehen)*   Spitz saw

Give the past participle of each verb.

4 *versterben* (departed from life)

5 *braten* (roasted)

6 *abrupfen* (plucked)

7 *kriechen* (crawled)

8 *aufwärmen* (warmed up)

9 *mitbringen* (brought along)

10 *heraufheben* (raised up)

11 *anwurzeln* (rooted to the ground)

Complete each of the following clauses with *dass* or *das*. *Dass* introduces a clause and does not add to the meaning. *Das* is used as a subject or direct object and completes the meaning of a clause.

12 *es wohl das beste war*

13 *sie eine Portion sich hole*

14 *war ihr erstes Wort*

Choose the correct preposition for each phrase.

mit, bei, in, an, aufs, nach

15 *Ehren* (respectfully)

16 *neu* (anew)

17 *der Sache tätig* (busily at work)

18 *Vorbedacht* (thinking ahead)

19 *der Pfanne sah* (looked at the pan)

20 *der Hecke* (at, near the hedge)

Zweiter Streich-C

Answer each question *ja* or *nein* according to the context of the story.

1 *Erholt sich Witwe Bolte von ihrem Schmerz?*

2 *Macht Witwe Bolte den Hühnerbraten?*

3 *Isst Witwe Bolte den Hühnerbraten?*

4 *Haben die Hühner noch Federn?*

5 *Sind die Hühner in der Pfanne lebensfroh?*

6 *Steht der Spitz bei Frau Bolte?*

7 *Kriechen Max und Moritz aufs Dach?*

8 *Gehen Max und Moritz durch den Schornstein herunter?*

9 *Liegen die Hühner in der Pfanne?*

10 *Haben die Hühner Kopf und Gurgel?*

11 *Schwärmt Frau Bolte für eine Angel?*

12 *Bringt Max eine Angel aufs Dach?*

13 *Holen Max und Moritz alle vier Hühner?*

14 *Bleiben Max und Moritz auf dem Dach stehen?*

15 *Sieht Witwe Bolte die Hühner in der Pfanne?*

16 *Nimmt Spitz die Hühner?*

17 *Schreit Spitz?*

18 *Sind Max und Moritz schuldenfrei?*

19 *Essen Max und Moritz den Hühnerbraten?*

20 *Liegen die zwei Jungen auf dem Herde?*

Dritter Streich

Jedermann im Dorfe kannte
Einen, der sich Böck benannte. —

— Alltagsröcke, Sonntagsröcke,
Lange Hosen, spitze Fräcke,
Westen mit bequemen Taschen,
Warme Mäntel und Gamaschen —
Alle diese Kleidungssachen
Wußte Schneider Böck zu machen. —
Oder wäre was zu flicken,
Abzuschneiden, anzustücken,
Oder gar ein Knopf der Hose
Abgerissen oder lose —
Wie und wo und was es sei,
Hinten, vorne, einerlei —
Alles macht der Meister Böck,
Denn das ist sein Lebenszweck. —
— Drum so hat in der Gemeinde
Jedermann ihn gern zum Freunde. —
—, Aber Max und Moritz dachten,
Wie sie ihn verdrießlich machten. —

Nämlich vor des Meisters Hause
Floß ein Wasser mit Gebrause.

Übers Wasser führt ein Steg
Und darüber geht der Weg. —

Max und Moritz, gar nicht träge,
Sägen heimlich mit der Säge,
Ritzeratze! voller Tücke,
In die Brücke eine Lücke. —

Als nun diese Tat vorbei,
Hört man plötzlich ein Geschrei:

„He, heraus! du Ziegen-Böck!
Schneider, Schneider, meck, meck, meck!!" —
—— Alles konnte Böck ertragen,
Ohne nur ein Wort zu sagen;
Aber wenn er dies erfuhr,
Ging's ihm wider die Natur.

Schnelle springt er mit der Elle
Über seines Hauses Schwelle,
Denn schon wieder ihm zum Schreck
Tönt ein lautes: „Meck, meck, meck!!"

Und schon ist er auf der Brücke,
Kracks! Die Brücke bricht in Stücke;

Wieder tönt es: „Meck, meck, meck!"
Plumps! Da ist der Schneider weg!

Grad als dieses vorgekommen,
Kommt ein Gänsepaar geschwommen,
Welches Böck in Todeshast
Krampfhaft bei den Beinen faßt.

Beide Gänse in der Hand,
Flattert er auf trocknes Land. —

Übrigens bei alle dem
Ist so etwas nicht bequem;

Wie denn Böck von der Geschichte
Auch das Magendrücken kriegte.

Hoch ist hier Frau Böck zu preisen!
Denn ein heißes Bügeleisen,
Auf den kalten Leib gebracht,
Hat es wieder gut gemacht. —

— Bald im Dorf hinauf, hinunter,
Hieß es: Böck ist wieder munter!!

Dieses war der dritte Streich,
Doch der vierte folgt sogleich.

Dritter Streich-A

Choose the word which best describes each picture.

das Bügeleisen, die Hose, die Weste, der Mantel, die Tasche, der Knopf, die Brücke, die Säge, der Schneider, die Gans

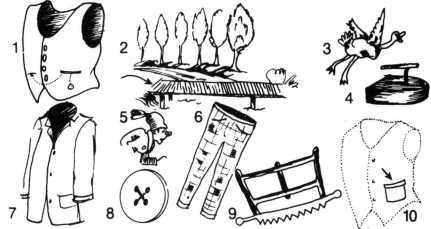

List the events in chronological order.

11 *Meister Böck fällt ins Wasser.*

12 *Max und Moritz sägen mit der Säge.*

13 *Frau Böck setzt das Bügeleisen auf Schneider Böck.*

14 *Max und Moritz schreien: Heraus, du Ziegen-Böck!*

15 *Ein Gänsepaar bringt Böck aufs Land.*

Choose the word to which each sentence refers.

die Tücke, das Dorf, Kleidungssachen, das Wasser, das Gänsepaar

16 *Der Schneider macht sie.*

17 *Es fliesst vor des Schneiders Haus.*

18 *Max und Moritz sind voll von ihr.*

19 *Böck fasst sie in der Hand.*

20 *Böck wohnt darin.*

Dritter Streich-B

Give the past tense of each verb to agree with the subject.

1 *jedermann* (*kennen*)   everyone knew

2 *M & M* (*denken*)   M & M thought

3 *Böck* (*wissen*)   Böck knew

4 *Wasser* (*fliessen*)   water flowed

5 *Böck* (*können*)   Böck could

6 *er* (*erfahren*)   he experienced

7 *Böck* (*kriegen*)   Böck got

Write the past participle of each verb.

8 *abreissen* (ripped off)

9 *vorkommen* (happened)

10 *bringen* (happened)

11 *machen* (made)

The article for each noun listed below is either *der* or *die*. Determine the correct article for each noun by its use in context. Do not use a dictionary.

12 *Hose* (*ein Knopf der Hose*)

13 *Gemeinde* (*in der Gemeinde*)

14 *Meister* (*vor des Meisters Haus*)

15 *Weg* (*darüber geht der Weg*)

16 *Elle* (*mit der Elle*)

17 *Hand* (*in der Hand*)

18 *Streich* (*der dritte Streich*)

19 *Geschichte* (*von der Geschichte*)

20 *Leib* (*auf den Leib*)

30

Dritter Streich-C

Answer each question *ja* or *nein* according to the context of the story.

1 *Kennen alle im Dorfe Böck?*

2 *Macht Böck nur Mäntel?*

3 *Sind Freunde sein Lebenszweck?*

4 *Kann Meister Böck Hosen machen?*

5 *Macht er jeden Knopf los?*

6 *Fliesst Wasser vor des Meisters Haus?*

7 *Geht der Weg über den Steg?*

8 *Sind Max und Moritz voller Tücke?*

9 *Schreit Schneider Böck: meck, meck, meck?*

10 *Hört Schneider Böck eine Ziege?*

11 *Springt Böck über sein Haus?*

12 *Sieht Böck die Lücke?*

13 *Bricht die Säge in Stücke?*

14 *Schwimmt das Gänsepaar in Todeshast?*

15 *Fasst Böck die Beine der Gänse?*

16 *Flattern die Gänse mit Böck in das Wasser?*

17 *Ist Böck bequem am Ufer des Wassers?*

18 *Bekommt Böck ein Magendrücken?*

19 *Hilft Frau Böck ihrem Mann mit dem Bügeleisen?*

20 *Spricht die Gemeinde von Böck?*

Vierter Streich

Also lautet ein Beschluß:
Daß der Mensch was lernen muß. —
— Nicht allein das A-B-C
Bringt den Menschen in die Höh';
Nicht allein im Schreiben, Lesen
Übt sich ein vernünftig Wesen;
Nicht allein in Rechnungssachen
Soll der Mensch sich Mühe machen;
Sondern auch der Weisheit Lehren
Muß man mit Vergnügen hören. —

Daß dies mit Verstand geschah,
War Herr Lehrer Lämpel da. —

— Max und Moritz, diese beiden,
Mochten ihn darum nicht leiden;
Denn wer böse Streiche macht,
Gibt nicht auf den Lehrer acht. —

Nun war dieser brave Lehrer
Von dem Tobak ein Verehrer,
Was man ohne alle Frage
Nach des Tages Müh und Plage
Einem guten, alten Mann
Auch von Herzen gönnen kann. —

— Max und Moritz, unverdrossen,
Sinnen aber schon auf Possen,
Ob vermittelst seiner Pfeifen
Dieser Mann nicht anzugreifen. —

— Einstens, als es Sonntag wieder
Und Herr Lämpel brav und bieder

In der Kirche mit Gefühle
Saß vor seinem Orgelspiele,

Schlichen sich die bösen Buben
In sein Haus und seine Stuben,
Wo die Meerschaumpfeife stand;
Max hält sie in seiner Hand;

Aber Moritz aus der Tasche
Zieht die Flintenpulverflasche,
Und geschwinde, stopf, stopf, stopf!
Pulver in den Pfeifenkopf. —
Jetzt nur still und schnell nach Haus,
Denn schon ist die Kirche aus. —

— Eben schließt in sanfter Ruh'
Lämpel seine Kirche zu;

Und mit Buch und Notenheften,
Nach besorgten Amtsgeschäften,

Lenkt er freudig seine Schritte
Zu der heimatlichen Hütte,

Und voll Dankbarkeit sodann
Zündet er sein Pfeifchen an.

„Ach!"—spricht er— „die größte Freud'
Ist doch die Zufriedenheit!! —"

Rums!!—Da geht die Pfeife los
Mit Getöse, schrecklich groß.
Kaffeetopf und Wasserglas,
Tabaksdose, Tintenfaß,
Ofen, Tisch und Sorgensitz —
Alles fliegt im Pulverblitz. —

Als der Dampf sich nun erhob,
Sieht man Lämpel, der — gottlob!
Lebend auf dem Rücken liegt;
Doch er hat was abgekriegt.

Nase, Hand, Gesicht und Ohren
Sind so schwarz als wie die Mohren,
Und des Haares letzter Schopf
Ist verbrannt bis auf den Kopf. —

Wer soll nun die Kinder lehren
Und die Wissenschaft vermehren?
Wer soll nun für Lämpel leiten
Seine Amtestätigkeiten?
Woraus soll der Lehrer rauchen,
Wenn die Pfeife nicht zu brauchen??

Mit der Zeit wird alles heil,
Nur die Pfeife hat ihr Teil.

Dieses war der vierte Streich,
Doch der fünfte folgt sogleich.

Vierter Streich-A

Choose the word which best describes each picture.

die Pfeife, die Orgel, die Flasche, die Kirche, das Notenheft, der Sorgensitz, der Kaffeetopf, das Tintenfass, das Gesicht, der Ofen

List the events in chronological order.

11 *Alles fliegt im Pulverblitz.*

12 *Herr Lämpel geht nach Hause.*

13 *Herr Lämpel raucht seine Pfeife.*

14 *Herr Lämpel ist schwarz.*

15 *Max und Moritz stopfen die Pfeife mit Pulver.*

Choose the word to which each sentence refers.

das Gefühl, Possen, die Zufriedenheit, die Wissenschaft, das Wasserglas

16 *Max und Moritz sinnen darauf.*

17 *Herr Lämpel spielt die Orgel damit.*

18 *Sie ist die grösste Freude.*

19 *Es fliegt im Pulverblitz.*

20 *Herr Lehrer Lämpel lehrt sie.*

39

Vierter Streich-B

Give the past tense of each verb to agree with the subject.

1 *dies (geschehen)*   this occurred

2 *Lämpel (sitzen)*   Lämpel sat

3 *die Buben (schleichen)*   the boys sneaked

4 *die Pfeife (stehen)*   the pipe stood

5 *der Dampf (sich erheben)* the smoke lifted

Choose the verb or verb stem which best completes the meaning of each sentence.

schliesst, geht, lenkt, gibt, zieht, zündet

6 *Er*   *nicht acht.*

7 *Lämpel*   *seine Kirche zu.*

8 *Moritz*   *die Flasche aus der Tasche.*

9 *Lämpel*   *seine Schritte zu der Hütte.*

10 *Lämpel*   *seine Pfeife an.*

11 *Die Pfeife*   *los.*

Determine the correct article for each noun listed below by context. Do not refer to a dictionary.

12 *Streich (Vierter Streich)*

13 *Mensch (der Mensch soll sich Mühe machen)*

14 *Weisheit (man muss der Weisheit Lehren hören)*

15 *Haus (sie schlichen sich in sein Haus)*

16 *Hütte (er geht zu der Hütte)*

17 *Hand (Max hält sie in seiner Hand)*

18 *Pfeifchen (er zündet sein Pfeifchen an)*

19 *Kopf (er ist verbrannt bis auf den Kopf)*

20 *Zeit (mit der Zeit wird alles heil)*

Vierter Streich-C

Answer each question *ja* or *nein* according to the context of the story.

1 *Soll der Mensch nichts lernen?*

2 *Soll der Mensch nur das A-B-C lernen?*

3 *Soll der Mensch Rechnungssachen lernen?*

4 *Soll man die Lehren der Weisheit hören?*

5 *Haben Max und Moritz Herrn Lämpel gern?*

6 *Geben Max und Moritz auf den Lehrer acht?*

7 *Hat Herr Lämpel den Tobak gern?*

8 *Darf ein alter Mann den Tobak haben?*

9 *Sinnt Herr Lämpel auf Possen?*

10 *Wollen Max und Moritz Herrn Lämpel böse machen?*

11 *Spielt Herr Lämpel am Sonntag die Orgel?*

12 *Schleichen Max und Moritz in die Kirche?*

13 *Stopft Moritz Pulver in die Flintenpulverflasche?*

14 *Geht Herr Lämpel von der Kirche nach Hause?*

15 *Ist der Pulverblitz die grösste Freude?*

16 *Erhebt sich der Dampf?*

17 *Ist Herr Lämpel tot?*

18 *Sind Max und Moritz verbrannt?*

19 *Kann Herr Lämpel wieder die Pfeife brauchen?*

20 *Wird alles besser mit der Zeit?*

Fünfter Streich

Wer im Dorfe oder Stadt
Einen Onkel wohnen hat,
Der sei höflich und bescheiden,
Denn das mag der Onkel leiden. —
— Morgens sagt man: „Guten Morgen!
Haben Sie was zu besorgen?"
Bringt ihm, was er haben muß:
Zeitung, Pfeife, Fidibus.—
Oder sollt' es wo im Rücken
Drücken, beißen oder zwicken,
Gleich ist man mit Freudigkeit
Dienstbeflissen und bereit. —
Oder sei's nach einer Prise,
Daß der Onkel heftig niese,
Ruft man: „Prosit!" allsogleich,
„Danke, wohl bekomm' es Euch!" —
Oder kommt er spät nach Haus,
Zieht man ihm die Stiefel aus,
Holt Pantoffel, Schlafrock, Mütze,
Daß er nicht im Kalten sitze —
Kurz, man ist darauf bedacht,
Was dem Onkel Freude macht. —

— Max und Moritz ihrerseits
Fanden darin keinen Reiz. —
— Denkt euch nur, welch' schlechten Witz
Machten sie mit Onkel Fritz! —

Jeder weiß, was so ein Mai-
Käfer für ein Vogel sei.
In den Bäumen hin und her
Fliegt und kriecht und krabbelt er.

Max und Moritz, immer munter,
Schütteln sie vom Baum herunter.

In die Tüte von Papiere
Sperren sie die Krabbeltiere. —

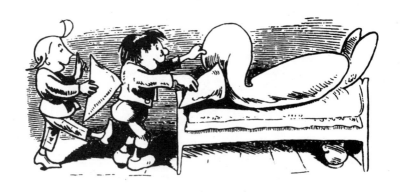

Fort damit, und in die Ecke
Unter Onkel Fritzens Decke!

Bald zu Bett geht Onkel Fritze
In der spitzen Zippelmütze;

Seine Augen macht er zu,
Hüllt sich ein und schläft in Ruh.

Doch die Käfer, kritze, kratze!
Kommen schnell aus der Matratze.

Schon faßt einer, der voran,
Onkel Fritzens Nase an.

„Bau!!" schreit er—„Was ist das hier?!!"
Und erfaßt das Ungetier.

Und den Onkel, voller Grausen,
Sieht man aus dem Bette sausen.

„Autsch!!"—Schon wieder hat er einen
Im Genicke, an den Beinen;

Hin und her und rundherum
Kriecht es, fliegt es mit Gebrumm.

Onkel Fritz, in dieser Not,
Haut und trampelt alles tot.

Guckste wohl! Jetzt ist's vorbei
Mit der Käferkrabbelei!!

Onkel Fritz hat wieder Ruh'
Und macht seine Augen zu.

Dieses war der fünfte Streich,
Doch der sechste folgt sogleich.

Fünfter Streich-A

Choose the word which best describes each picture.

das Auge, die Mütze, der Pantoffel, der Schlafrock, die Nase, der Käfer, der Baum, die Tüte, die Decke, das Bett

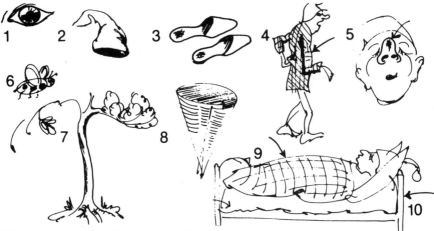

List the events in chronological order.

11 *Die Käfer beissen Onkel Fritz.*

12 *Max und Moritz nehmen die Käfer vom Baum.*

13 *Onkel Fritz haut die Käfer tot.*

14 *Onkel Fritz geht zu Bett.*

15 *Max und Moritz stecken die Käfer ins Bett.*

Choose the word to which each sentence refers.

die Zippelmütze, die Matratze, die Ruhe, der Witz, die Zeitung

16 *Man bringt sie zu dem Onkel.*

17 *Onkel Fritz trägt sie im Bett.*

18 *Die Käfer kommen daraus.*

19 *Max und Moritz wollen ihn mit dem Onkel machen.*

20 *Onkel Fritz hat sie am Ende wieder.*

Fünfter Streich-B

Determine the subject of each line by the context. For example, the subject of line one is either *wer, einen Onkel, wohnen,* or *hat.*

1 *wer einen Onkel wohnen hat*

2 *der sei höflich und bescheiden*

3 *das mag der Onkel leiden*

4 *Haben sie was zu besorgen?*

5 *was er haben muss*

6 *sollt er wo im Rücken drücken*

7 *dass der Onkel heftig niese*

8 *zieht man ihm die Stiefel aus*

9 *was dem Onkel Freude macht*

10 *welch' schlechten Witz machten sie*

Choose the proper prefix for each verb.

zu, ein, aus, an

11 *ziehen* (to take off)

12 *hüllen* (to wrap up)

13 *machen* (to close)

14 *fassen* (to sieze)

Choose the synonym for each verb.

flattern, schreien, leiden mögen, sausen, krabbeln, zwicken

15 *rufen*

16 *kriechen*

17 *fliegen*

18 *drücken*

19 *schnell gehen*

20 *gern haben*

Fünfter Streich-C

Answer each question *ja* or *nein* according to the context of the story.

1 *Soll der Mensch höflich mit dem Onkel sein?*

2 *Hat der Onkel die Höflichkeit gern?*

3 *Soll man dem Onkel „Guten Morgen" sagen?*

4 *Soll der Onkel dem Menschen etwas bringen?*

5 *Soll man des Onkels Rücken zwicken?*

6 *Ruft man „Prosit" nach dem Niesen?*

7 *Soll man des Onkels Schlafrock ausziehen?*

8 *Soll der Onkel im Kalten sitzen?*

9 *Wollen Max und Moritz dem Onkel Freude machen?*

10 *Machen Max und Moritz mit dem Onkel einen schlechten Witz?*

11 *Ist ein Maikäfer ein Vogel?*

12 *Schütteln Max und Moritz den Baum?*

13 *Stecken Max und Moritz die Käfer unter die Decke?*

14 *Machen die Käfer die Augen zu?*

15 *Erfasst Onkel Fritz die Nase?*

16 *Hat Onkel Fritz die Käfer gern?*

17 *Bleibt Onkel Fritz im Bette liegen?*

18 *Fasst ein Käfer Onkel Fritzens Bein an?*

19 *Sind die Käfer am Ende tot?*

20 *Ist Onkel Fritz zu böse zu schlafen?*

Sechster Streich

In der schönen Osterzeit,
Wenn die frommen Bäckersleut'
Viele süße Zuckersachen
Backen und zurechte machen,
Wünschten Max und Moritz auch
Sich so etwas zum Gebrauch. —

Doch der Bäcker, mit Bedacht,
Hat das Backhaus zugemacht.

Also, will hier einer stehlen,
Muß er durch den Schlot sich quälen. —

Ratsch!!—Da kommen die zwei Knaben
Durch den Schornstein, schwarz wie Raben.

Puff!—Sie fallen in die Kist',
Wo das Mehl darinnen ist.

Da! Nun sind sie alle beide
Rund herum so weiß wie Kreide.

Aber schon mit viel Vergnügen
Sehen sie die Brezeln liegen.

Knacks!!—Da bricht der Stuhl entzwei.

Schwapp!!—Da liegen sie im Brei.

Ganz von Kuchenteig umhüllt
Stehn sie da als Jammerbild.—

Gleich erscheint der Meister Bäcker
Und bemerkt die Zuckerlecker.

Eins, zwei, drei!—eh' man's gedacht,
Sind zwei Brote draus gemacht.

In dem Ofen glüht es noch—
Ruff!!—damit ins Ofenloch!

Ruff!! Man zieht sie aus der Glut;
Denn nun sind sie braun und gut. —

Jeder denkt: „die sind perdü!"
Aber nein!—noch leben sie!—

Knusper knasper!—Wie zwei Mäuse
Fressen sie durch das Gehäuse;

Und der Meister Bäcker schrie:
„Ach herrje! da laufen sie!!"—

Dieses war der sechste Streich,
Doch der letzte folgt sogleich.

Sechster Streich-A

Choose the word which best describes each picture.

der Bäcker, der Schlot, der Rabe, der Knabe, die Kiste, das Mehl, der Stuhl, das Brezel, der Brei, die Bäckerei

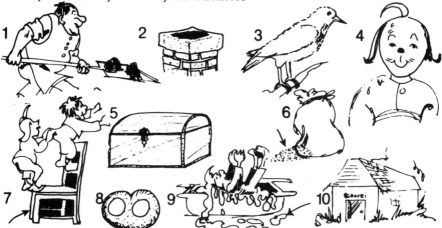

List the events in chronological order.

11 *Max und Moritz fallen in die Mehlkiste.*

12 *Der Bäcker macht zwei Brote aus den Jungen.*

13 *Max und Moritz essen durch das Brot.*

14 *Max und Moritz kommen durch den Schornstein.*

15 *Max und Moritz fallen in den Brei.*

Choose the word to which each sentence refers.

das Gehäuse, Zuckerlecker, die Kreide, der Ofen, Bäckersleute

16 *Sie backen süsse Zuckersachen.*

17 *Sie sind ganz von Kuchenteig umhüllt.*

18 *Max und Moritz sind so weiss wie sie.*

19 *Es glüht darin.*

20 *Max und Moritz essen dadurch.*

Sechster Streich-B

Give the infinitive form of each verb underlined below.

1 *M & M wünschten* (M & M wanted)

2 *der Bäcker hat zugemacht* (the baker closed)

3 *einer will stehlen* (one wants to steal)

4 *er muss sich quälen* (he has to labor)

5 *der Stuhl bricht entzwei* (the chair breaks in two)

6 *Brote sind gemacht* (loaves are made)

7 *der Bäcker schrie* (the baker shouted)

8 *dieses war* (this was)

Determine the subject and verb of each line, then give the direct object where one occurs. For example, there is a direct object in line one. Is it *wünschten, Max und Moritz,* or *so etwas?*

9 *wünschten Max und Moritz so etwas*

10 *der Bäcker hat das Backhaus zugemacht*

11 *will hier einer stehlen*

12 *sehen sie die Brezeln liegen*

13 *stehen sie als Jammerbild*

14 *der Meister Bäcker bemerkt die Zuckerlecker*

Choose the first word of each compound word.

Back (from backen), Kuchen, Ofen, Oster, Jammer, Zucker

15 *der*   —*teig* (cake dough)

16 *die*   —*zeit* (Easter time)

17 *die*   —*sachen* (sweets)

18 *das*   —*haus* (bakery)

19 *das*   —*loch* (opening in the oven)

20 *das*   —*bild* (pitiful sight)

Sechster Streich-C

Answer each question *ja* or *nein* according to the context of the story.

1 *Backen die Bäcker Zuckersachen?*

2 *Sind Zuckersachen süss?*

3 *Wollen Max und Moritz Zuckersachen backen?*

4 *Wollen die Bäcker Max und Moritz backen?*

5 *Macht der Bäcker das Backhaus zu?*

6 *Wollen Max und Moritz den Schlot stehlen?*

7 *Kommen schwarze Raben durch den Schornstein?*

8 *Fällt das Mehl in die Kiste?*

9 *Schreiben Max und Moritz rundherum mit Kreide?*

10 *Sehen Max und Moritz die Brezeln?*

11 *Bricht der Stuhl in viele kleine Stücke?*

12 *Fällt der Stuhl in den Brei?*

13 *Sind Max und Moritz von Kuchenteig umhüllt?*

14 *Kommt der Bäcker gleich?*

15 *Macht der Bäcker drei Brote?*

16 *Glüht es im Ofen?*

17 *Geht der Meister mit ins Ofenloch?*

18 *Sind Max und Moritz tot?*

19 *Fressen zwei Mäuse durch das Gehäuse?*

20 *Laufen Max und Moritz aus dem Backhaus?*

Letzter Streich

Max und Moritz, wehe euch!
Jetzt kommt euer letzter Streich!—

Wozu müssen auch die beiden
Löcher in die Säcke schneiden??—

—Seht, da trägt der Bauer Mecke
Einen seiner Maltersäcke.—

Aber kaum, daß er von hinnen,
Fängt das Korn schon an zu rinnen.

Und verwundert steht und spricht er:
„Zapperment! Dat Ding werd lichter!"

Hei! Da sieht er voller Freude
Max und Moritz im Getreide.

Rabs!!—In seinen großen Sack
Schaufelt er das Lumpenpack.

Max und Moritz wird es schwüle,
Denn nun geht es nach der Mühle.—

„Meister Müller, he, heran!
Mahl' er das, so schnell er kann!"

„Her damit!!" Und in den Trichter
Schüttelt er die Bösewichter.—

Rickeracke! Rickeracke!
Geht die Mühle mit Geknacke.

Hier kann man sie noch erblicken
Fein geschroten und in Stücken.

Doch sogleich verzehret sie

Meister Müllers Federvieh.

Schluß

Als man dies im Dorf erfuhr,
War von Trauer keine Spur.
Witwe Bolte, mild und weich,
Sprach: „Sieh da, ich dacht es gleich!"
„Ja, ja, ja!" rief Meister Böck,
„Bosheit ist kein Lebenszweck!"
Drauf, so sprach Herr Lehrer Lämpel:
„Dies ist wieder ein Exempel!"
„Freilich!" meint der Zuckerbäcker,
„Warum ist der Mensch so lecker?!"
Selbst der gute Onkel Fritze
Sprach: „Das kommt von dumme Witze!"
Doch der brave Bauersmann
Dachte: „Wat geiht meck dat an?!"
Kurz, im ganzen Ort herum
Ging ein freudiges Gebrumm:
„Gott sei Dank! Nun ist's vorbei
Mit der Übeltäterei!!"

Letzter Streich-A

Choose the word which best describes each picture.

das Loch, der Sack, der Bauer, das Getreide, die Mühle, das Stück, das Federvieh, der Trichter, die Schaufel, Bösewicht

List the events in chronological order.

11 *Meister Müllers Federvieh essen Max und Moritz.*

12 *Max und Moritz schneiden die Säcke.*

13 *Der Müller mahlt Max und Moritz.*

14 *Der Bauer steckt Max und Moritz in seinen Sack.*

15 *Der Bauer geht nach der Mühle.*

Choose the word to which each sentence refers.

das Getreide, der Ort, die Bosheit, die Trauer, das Federvieh

16 *Es rinnt aus dem Sack.*

17 *Es verzehrt die Stücke.*

18 *Es war im Dorf keine Spur davon.*

19 *Sie ist kein Lebenszweck.*

20 *Das Gebrumm geht da herum.*

Letzter Streich-B

Give the correct ending for each adjective where an ending is necessary in the context.

e, er, es, en

1 *Jetzt kommt euer letzt — Streich.*

2 *Und verwundert — steht er.*

3 *Er schaufelt sie in seinen gross — Sack.*

4 *Der brav — Bauersmann dachte.*

5 *Es ging im ganz — Ort herum.*

6 *Ein freudig — Gebrumm ging herum.*

7 *Der gut — Onkel Fritz sprach.*

Give the plural form of each noun.

8 *das Loch*

9 *der Sack*

10 *der Bösewicht*

11 *der Witz*

Choose the synonym for each verb.

erblicken, schroten, erscheinen, rinnen, verzehren, tragen, anfangen, meinen, erfahren

12 *essen*

13 *mahlen*

14 *denken*

15 *sehen*

16 *laufen*

17 *lernen*

18 *beginnen*

19 *kommen*

20 *bringen*

Letzter Streich-C

Answer each question *ja* or *nein* according to the context of the story.

1 *Finden Max und Moritz die Säcke voller Löcher?*

2 *Trägt Bauer Mecke einen Sack mit einem Loch?*

3 *Trägt Bauer Mecke einen Sack mit Getreide?*

4 *Rinnt das Getreide aus dem Sack?*

5 *Wird der Bauer leichter?*

6 *Sind Max und Moritz verwundert?*

7 *Sieht der Bauer Max und Moritz im Getreide?*

8 *Schaufelt Herr Mecke das Getreide in seinen Sack?*

9 *Sind Max und Moritz ein Lumpenpack?*

10 *Wird es dem Bauern schwüle?*

11 *Will der Bauer die Jungen mahlen?*

12 *Schüttelt der Müller den Trichter?*

13 *Mahlt die Mühle Max und Moritz?*

14 *Hört man die Mühle mahlen?*

15 *Kommen grosse Stücke aus der Mühle?*

16 *Verzehrt Meister Müller das Federvieh?*

17 *Sind die Jungen tot?*

18 *Sind die Menschen im Dorf traurig?*

19 *Waren Max und Moritz lecker?*

20 *Haben Max und Moritz ein freudiges Ende?*

Vocabulary Notes

Each word or phrase in the "Vocabulary Notes" appears exactly as the reader finds it in context, followed by the most suitable translation. Letters, such as final *e*, and simple words, such as helping verbs, which have been left out by the author for the sake of rhyme, appear in parenthesis.

Page vii

Vorwort preface
Ach Oh
von bösen Kindern about wicked children
Wie as
hiessen were called
Die who
anstatt sich zu bekehren instead of being converted
heimlich secretly
sich lustig machen make fun of
zur Übeltätigkeit to the point of wrong-doing
dazu bereit ready for that
(zu) necken to tease
(zu) quälen to annoy
Zwetschen plums (dialect)
(zu) stehlen to steal
freilich truly
angenehmer more agreeable
dazu in addition
bequemer more comfortable
Festzusitzen to sit still
wehe alas
auf sehe look upon
schlimmes terrible
Wie es ging what happened to
D(a)rum therefore
sie getrieben they did
Abgemalt pictured
aufgeschrieben written down

Page 1

Streich prank
Mancher many a person
gibt sich Müh(e) takes pains
Federvieh poultry

Einesteils in the first place
wegen on account of
weil because
dann und wann now and then
Braten roast
nimmt zum Gebrauch uses
Kissen pillows
Pfühle cushions
Witwe widow
Die who
Kühl(e) cool
Hühner hens
stolzer proud

Page 2

dachten thought
wohl probably
geschwinde quickly
schneiden cut
entzwei in two
Fäden strings
übers Kreuz in a cross
verlegen move
genau just that way
Hof yard
Kaum hardly
Fängt an begins
krähen crow
Kikeriki cock-a-doodle-do
tak peck

Page 3

schlucken hinunter swallow down
munter cheerfully
Jedes each one of them
sich besinnen realize
Konnte von hinnen could get away
recht really

Page 4

in die Kreuz und in die Quer crosswise and sidewise
Reissen tear, pull
hin und her back and forth
flattern flutter
Höh(e) air
herrjemine! Jiminy! Oh my!

Page 5

bleiben hangen remain hanging
Dürren thin
Ast branch
Hals neck
Gesang cry
bang und banger more and more afraid
Tod death
kommt herbei follows

Page 6

Kammer small room
Jammer wailing
Ahnungsvoll full of misgivings
was für ein what a
Graus horror

Page 7

Fliesset! flow!
Aug(e) eye
ihr Tränen you tears
Sehnen longing
Traum dream
Tiefbetrübt deeply grieved
sorgenschwer beset with sorrow
Kriegt her brings forth
die Toten the dead ones
Strängen strings

Page 8

stummen speechless
Trauerblick sorrowful glance
Kehrt zurück returns
Doch however
sogleich immediately

Page 12

Sich erholte recovered
Schmerz grief
hin und her now and then
wär(e) would be
Verstorb(e)nen deceased ones
hienieden down on earth
die . . . abgeschieden who departed (from life)
im stillen silently
in Ehren respectfully
Gut gebraten well roasted
zu verzehren to consume
Freilich truly
Trauer sadness
nackt naked
bloss pale
Abgerupft plucked
Herde stove
Bald . . . bald sometimes . . . sometimes
Lebensfroh full of life
scharrten scratched
aufs neu anew
der Spitz Pomeranian dog

Page 13

rochen smelled
Dach roof
gekrochen having crawled
hiess es it was said
Schornstein chimney
Vergnügen pleasure
Gurgeln throats
Lieblich lovely
Pfanne frying pan
schmurgeln sputter

Page 14

Eben geht is just going
Keller cellar
Dass sie sich hole so that she might get for herself
Sauerkohle sauerkraut
Wofür for which
besonders especially
schwärmt craved

aufgewärmt (ist) is warmed up
Unterdessen meanwhile
bei der Sache tätig busily at work
mit Vorbedacht thinking ahead
eine Angel fishing tackle

Page 15

Schnupdiwup! Swoop!
wird heraufgehoben is lifted up
nach oben up above

Page 16

Num(e)ro number
Zwar to be sure
genau perfectly
bellt barks
Rawau! Woof!
munter happy
Fort away
herunter down
Na! well!
wird geben causes
Spektakel uproar
soeben just now
Angewurzelt as if rooted to the
  ground
sah nach looked toward

Page 17

Ungetüm monster
Aber wart Just you wait!
ich komme ihm I'll get him
Geht es über Spitzen her Spitz is
  attacked

Page 18

ertönt resounds   ,
Wehgeschrei cry of woe
schuldenfrei innocent
Verstecke hiding place
Schnarchen snore
Hecke hedge
Hühnerschmaus chicken feast
Guckt heraus peeks out
nur noch only

Page 22

Jedermann everyone
kannte knew
Einen, der one, who
sich benannte called himself
Alltagsröcke everyday clothes
spitze tapered
Fräcke dress coats
Westen vests
Taschen pockets
Gamaschen leggings
Wusste zu machen knew how to
  make
Schneider tailor
wäre if there was
was (etwas) something
flicken mend
abzuschneiden to shorten
anzustücken to patch
gar just
Knopf button
abgerissen ripped off
lose loose
was es sei whatever it was
Hinten at the back
einerlei it made no difference
Meister master
Lebenszweck life's goal
Drum therefore
Gemeinde community
hat ihn gern zum Freunde likes him
  for a friend
verdriesslich machten could annoy

Page 23

Nämlich namely
Floss flowed
Gebrause roaring noise
führt leads
Steg footbridge
gar nicht not at all
träge lazy
Säge saw
heimlich secretly
Ritzeratze! Ritze-ratze!
Tücke spite
Brücke bridge
Lücke gap

Page 24

Tat deed
vorbei is done
plötzlich suddenly
Geschrei cry
He, heraus! Hey, come out!
Ziegen-Böck stupid goat
meck me-eh (sound of a goat)
konnte could
ertragen tolerate
Ohne zu sagen without saying
erfuhr experienced
ging (e)s it went
wider against
ihm die Natur his nature
Elle yardstick
Schwelle threshold
ihm zum Schreck to his
  bewilderment
Tönt sounds

Page 25

Kracks! Crack!
bricht breaks
Plumps! Sploosh!
Da then

Page 26

Grad als just as
vorgekommen happened
Gänsepaar pair of geese
geschwommen swimming
Todeshast fear of death
Krampfhaft frantically
fasst seizes
Flattert flutters
trocknes dry

Page 27

Übrigens by the way
bei alle dem for all that
so etwas such a thing
bequem comfortable
von der Geschichte out of (as a
  result of) the preceding events
Magendrücken stomach-ache
kriegte got

Page 28

Hoch ist zu preisen is to be highly
  praised
Bügeleisen iron
Leib body
gebracht brought
hat gemacht made
hinauf, hinunter up and down
Hiess es it was said
munter cheerful

Page 32

Also thus
lautet reads
Beschluss decree
was (etwas) something
Nicht allein not only
in die Höh(e) to a high level
Übt sich (im) practices
vernünftig sensible
Wesen person
Rechnungssachen arithmetic
sich Mühe machen take pains
der Weisheit Lehren the teachings
  of wisdom
Vergnügen pleasure
Verstand understanding
geschah occurred
Mochten nicht leiden couldn't
  stand
Gibt acht auf pays attention to

Page 33

brave fine
Verehrer von admirer of
ohne alle Frage without question
Nach after
Müh(e) difficulties
Plage troubles
einem Mann gönnen kann can
  grant a man
von Herzen heartily
unverdrossen untiring
Sinnen auf are thinking about
Possen pranks
Ob whether
vermittelst by means of
Pfeifen pipes

nicht anzugreifen (sei) couldn't be unnerved
bieder loyally
Gefühle feeling
Orgelspiele organ playing

Page 34

Schlichen sich sneaked
Buben boys
Stuben rooms
Meerschaumpfeife meerschaum pipe (pipe of soft white clay)
Zieht pulls
Flintenpulverflasche musket-powder flask
geschwind(e) quickly
stopf stuff
Pulver powder
Eben schliesst zu is just locking
in sanfter Ruh(e) calmly

Page 35

Notenheften sheet music
besorgten performed
Amtsgeschäften official functions
Lenkt seine Schritte wends his way
freudig happily
heimatlichen homey
Hütte little house
Dankbarkeit thankfulness
sodann then
Zündet an lights up

Page 36

Freud(e) joy
doch indeed
Zufriedenheit satisfaction
Rums! Pow!
geht los explodes
Getöse deafening noise
schrecklich terribly
Kaffeetopf coffee kettle
Tabaksdose can of tobacco
Tintenfass inkstand
Sorgensitz easy chair
Pulverblitz powder explosion

Page 37

Dampf smoke
sich erhob lifted
gottlob! thank God!
Lebend living
Rücken back
hat was abgekriegt got hurt
Gesicht face
schwarz wie die Mohren black as coal
Schopf tuft
verbrannt burned

Page 38

Wissenschaft knowledge
vermehren enrich
leiten conduct
Amtestätigkeiten official duties
Woraus with what
rauchen smoke
Wenn if
nicht zu brauchen can't be used
Zeit time
heil all right again
hat ihr Teil is a complete loss

Page 42

wohnen hat has living
Der sei he should be
höflich polite
bescheiden modest
das mag leiden likes that
was (etwas) anything
zu besorgen to look after
Fidibus twist of paper for lighting a pipe
sollt(e) es if it should
wo somewhere
Drücken ache
beissen grip
zwicken pinch
Freudigkeit joyfulness
Dienstbeflissen conscientious
sei (e)s dass if it should happen that
Prise pinch of snuff
heftig violently

niese should sneeze
Prosit! To your health!
alsogleich right away
wohl bekomm(e) es euch! God bless
you!
Zieht aus takes off
Stiefel boots
Pantoffel slippers
Schlafrock pajamas
sitze should have to sit
bedacht intent
Freude macht pleases
ihrerseits for their part
Reiz thrill
Denkt euch nur! Just fancy!
welch (ein) what a
Witz joke

Page 43

was so für ein what kind of a
Maikäfer June bug
sei is
hin und her back and forth
kriecht crawls
krabbelt creeps
munter cheerfully
Schütteln herunter shake down

Page 44

Tüte paper cone
Sperren shut in
Krabbeltiere crawly animals
Decke blanket

Page 45

spitzen pointed
Zippelmütze nightcap
macht zu closes
Hüllt sich ein wraps himself up
in Ruh(e) peacefully

Page 46

Käfer bugs, beetles
kritze, kratze! Scratch, scratch!
Matratze mattress
fasst an grabs
der voran the one in front

Page 47

Bau! Ugghh!
erfasst seizes
Ungetier monster
Grausen horror
sausen dash

Page 48

Autsch! Ouch!
Genicke back of the neck
Hin und her back and forth
rundherum all about
Gebrumm buzzing

Page 49

Not misery
Haut strikes
trampelt tramples
Guckste wohl! You see!
vorbei over
Käferkrabbelei beetle crawling

Page 54

Osterzeit Eastertime
frommen devout
Bäckersleut(e) bakers
süsse sweet
Zuckersachen sweets
zurechte machen prepare
Wünschten sich would like to have
zum Gebrauch for (their) use

Page 55

Bäckerei bakery shop
mit Bedacht deliberately
Backhaus bakery
zugemacht closed
will einer if one wants
stehlen steal
Schlot chimney
durch sich quälen work his way
through

Page 56

Ratsch! Swoosh!
Knaben boys
Schornstein chimney
Raben ravens
Puff! Poof!
Kist(e) box, trunk
Mehl flour
darinnen inside

Page 57

alle beide both of them
Rund herum all over
Kreide chalk
Vergnügen pleasure
Brezeln crusty rolls

Page 58

Knacks! Crack!
bricht entzwei breaks in two
Schwapp! Splat!
Brei dough

Page 59

Kuchenteig cake dough
umhüllt enveloped
Jammerbild picture of misery
erscheint appears
bemerkt notices
Zuckerlecker sugar fiends

Page 60

eh(e) man's gedacht before anything
 could be said (infinitive *gedenken*)
Brote loaves
d(a)raus out of them
glüht glows
Ruff! Whoosh!
Ofenloch oven door

Page 61

Glut fire
perdü doomed

Page 62

Knusper knasper! Munch,
 munch!
Fressen gobble
Gehäuse casing
schrie cried
Ach herrje! Oh jiminy!

Page 66

wehe euch woe to you
Wozu why, what for
Löcher holes
Bauer Mecke farmer Mecke
Maltersäcke grain sacks

Page 67

Aber kaum, dass er von hinnen (geht)
 but he has scarcely left when
Fängt an begins
Korn grain
rinnen run out
verwundert astounded
Zapperment! Zounds!
**Dat Ding werd lichter! (Das Ding
 wird leichter!)** The thing is getting
 lighter!

Page 68

Hei! Ha!
Freude joy
Getreide grain
Rabs! Wham!
Schaufelt shovels
Lumpenpack riff-raff

Page 69

wird es schwüle are getting uneasy
Mühle mill
Meister Müller master miller;
 Mr. Miller
he, heran here it is
Mahl(e) grind
er (indirectly refers to the miller,
 do not translate)

82

Page 70

Her damit! Give it here!
Trichter funnel
Bösewichter rogues
Rickeracke! Creak, crack!
Geknacke crunching noise

Page 71

erblicken see
geschroten ground up
verzehret consume
Federvieh poultry

Page 72

Schluss conclusion
erfuhr learned

Trauer sadness
Spur trace
weich softly
dacht(e) thought
gleich right away
Bosheit evil
Lebenszweck life's goal
meint says
lecker greedy
Selbst even
Witze jokes
brave fine
Wat geiht meck dat an! (Was geht mich das an!) What's that to me!
Ort place
freudiges joyful
Gebrumm buzzing
Gott sei Dank! Thank God!
Übeltäterei evil deeds

Vocabulary

A

A-B-C ABC's, the alphabet
aber but, however
ab/kriegen to obtain, get
  was ab/kriegen to have something happen; get hurt
ab/malen to portray, picture, paint, depict
ab/reissen to rip off, tear off
ab/rupfen to pluck off
sich ab/scheiden to depart from this life, die
ab/schneiden to shorten, cut off
Ach! Oh!
die Acht attention, care
acht geben to pay attention
ahnungsvoll ominously, full of misgivings
alle all (plural), everyone
allein alone, only
  nicht allein not only
alles everything, all
der Alltagsrock everyday suit
als than; as; when
  so ... (als) wie as ... as
also thus; therefore
alsogleich right away, immediately
die Amtestätigkeit official duty
das Amtsgeschäft official function
an on, to, at
an/fangen to begin
an/fassen to grab, seize, grasp
an/gehen to approach; apply to, concern, have to do with
die Angel fishing tackle
angenehm agreeable, pleasant
  angenehmer more agreeable
angewurzelt as if rooted to the spot
an/greifen to unnerve, attack, assail
  ob dieser Mann nicht anzugreifen sei whether this man couldn't be unnerved
anstatt instead of
  anstatt sich zu bekehren instead of being converted

an/stücken to piece together, add a piece to, patch
an/zünden to light up, ignite
der Apfel apple
der Ast bough, branch
auch also, too
auf to, on, about
auf/schreiben to write down
auf/wärmen to warm up, renew
das Auge eye
aus out of, from; over
  es ist aus it is over
aus/rupfen to pluck out
sich aus/ziehen to take off
Autsch! Ouch!

B

backen to bake, roast
der Bäcker baker
die Bäckerei bakery, bakery shop
der Bäckersmann baker
Bäckersleute bakers
das Backhaus bakery
bald soon
  bald das eine ... bald das andere sometimes ... sometimes
bang(e) frightened, fearful, afraid
  bang und banger more and more fearful
Bau! Ugh!
der Bauer farmer
der Baum tree
der Bedacht consideration, deliberation
  mit Bedacht deliberately, intentionally
bedenken to consider, think over
bei by, near, with, among, at, next to
  bei alle dem for all that
beide both
  die beiden both of them, the two
  diese beiden these two
das Bein leg
das Beispiel the example
  zum Beispiel for example
beissen to grip, bite

sich bekehren to become converted, turn over a new leaf
bekommen to receive, have, obtain
Wohl bekomme es euch! God bless you!
bellen to bark
bemerken to notice, observe
sich benennen to name, call, call oneself
bequem comfortable, easy
bequemer more comfortable
bereit ready, prepared
bescheiden modest, discreet
der Beschluss decree, conclusion
sich besinnen to realize, ponder, become aware of
besonders especially
besorgen to perform; look after, care for
besorgt performed
bieder loyal, honest, upright
das Bild picture
binden to tie, bind
die Birne pear
bis until; up to, as far as
bis auf up to
bloss merely
der Bock ram, he-goat
böse wicked, nasty, evil, bad, angry
der Bösewicht rogue, villain, good-for-nothing
die Bosheit evil
braten to roast, fry
der Braten roast (meat)
brauchen to use, make use of; need
ist nicht zu brauchen cannot be used
brav fine, loyal
brechen to break
der Brei dough
die Brezel crusty roll, cracknel, pretzel
bringen to bring
das Brot bread, loaf
das Brotstück piece of bread
die Brücke bridge
der Bub(e) boy, rascal, lad
das Buch book
das Bügeleisen flatiron

D

da then, there
dabei close by, near
das Dach roof, shelter
dadurch through it
damit with it, so that
danach after that
die Dankbarkeit gratitude, thankfulness
Danke! Thanks!
dann then
dann und wann now and then
darauf (drauf) about it, on it; upon that; after that
daraus (draus) out of it, out of them
darin in it, in them
darinnen inside
darüber about it, over it
darum (drum) therefore
dass that (conjunction)
davon from it, from them; of it, of them
dazu for that, in addition to
die Decke cover, blanket, comforter
denken to think
Denkt euch nur! Just fancy!
der one, the one; he, who
die the, who
dienstbeflissen conscientious, eager to serve
dieser these, this
das Ding thing, object, matter
doch however, indeed, still
das Dorf village
dritte third
drittens thirdly
drücken to ache, press
dumm stupid, dumb
dürfen (darf) to allow, permit

E

eben just, just as
so eben just now
ehe before
ehe man's gedacht before anything' could be said, quick as a flash

die **Ehre** honor
in **Ehren** respectfully
das **Ei** egg
einerlei immaterial, it made no
difference
sich **ein/hüllen** to wrap oneself up
einstens first, in the first place
die **Elle** yardstick, rod
endlich finally
entzwei/brechen to break in two
entzwei/schneiden to cut in two
erblicken to see, catch sight of
erfahren to learn, experience
erfassen to seize, grasp
sich **erheben** to rise, lift up
sich **erholen** to recover
erscheinen to appear, come out
erst first, in the first place
ertönen to sound, resound
ertragen to tolerate
essen to eat
das **Exempel** example

F

der **Faden** thread, twine
fallen to fall
fassen to seize
die **Feder** feather
das **Federvieh** poultry
fein fine, thin, delicate
fest tight
fest/sitzen to sit still
der **Fidibus** twist of paper for
lighting a pipe
finden to find
der **Finger** finger
flattern to fly, flutter
flicken to mend, repair
fliegen to fly
fliessen to flow
die **Flintenpulverflasche** musket
powder flask
folgen to follow
fort away
der **Frack** dress coat
die **Frage** question
ohne alle **Frage** without question
freilich to be sure, of course, by
all means, truly

fressen to eat, gobble up (said
only of animals)
die **Freude** joy, pleasure
Freude machen to please
freudig happy, joyful
die **Freudigkeit** joyfulness
der **Freund** friend
fromm devout
früh early
fühlen to feel, perceive
führen to lead, guide

G

die **Gamaschen** leggings, spats
das **Gänsepaar** pair of geese
ganz quite, whole, completely
gar just
gar nicht not at all
geben to give
wird geben causes
gibt sich Müh takes pains
gibt es is there, are there
gebracht brought (see **bringen**)
gebraten roasted (see **braten**)
der **Gebrauch** use, custom,
practice
nimmt zum Gebrauch uses
das **Gebrause** roaring noise
das **Gebrumm** buzzing, humming
gedacht mentioned, said (see
gedenken)
gedenken to mention
ehe man's gedacht before
anything could be said
das **Gefühl** feeling, sentiment
das **Gehäuse** casing, case, box
gehen to go
wie es ging what happened to
(how it went with)
geht es über Spitzen her Spitz is
attacked
geht es gut does it go well, are
they fine
das **Geknacke** crunching noise,
grinding noise
die **Gemeinde** community
genau just that way, just so,
perfectly
das **Genicke** nape, back of the neck

gerade   just, even
grad als   just as
gern(e)   gladly
gern haben   to like
der Gesang   cry, song, singing
geschehen   to happen, occur
die Geschichte   story
das Geschrei   cry, scream
geschroten   ground up, crushed
   (see schroten)
geschwind   quickly
geschwommen   swum, swimming
   (see schwimmen)
das Gesicht   face
das Getöse   deafening noise
das Getreide   grain
getrieben   driven, forced (see
   treiben)
gleich   right away
glühen   to glow
die Glut   fire, heat
gönnen   to grant, permit
Gottlob!   Thank God! Thank
heavens!
der Graus   gruesome thing, horror
das Grausen   horror
gross   big, great
grösste   biggest
gucken   to look, peek
Gückste wohl!   You see! Take a
good look!
die Gurgel   throat, neck
gut   good, well
Guten Morgen   Good morning

H

das Haar   hair
haben gern   to like
der Hahn   rooster
der Hals   neck
halten   to hold
die Hand   hand
hängen   to hang
hängen bleiben   to remain hanging
hauen   to hack, strike
das Haus   house
nach Hause kommen   to come
home
He!   Hey!

die Hecke   hedge
heftig   violently
Hei!   Ha!
heil   safe and sound, all right again,
restored
heimatlich   homey, belonging to
one's home
heimlich   secretly
heiss   hot
heissen   to be called, be named
hiess es   it was said
her   here, to this place
heran   on, near, up to
herauf/heben   to lift up
Heraus!   Come out!
heraus/gucken   to peek out
heraus/treten   to step out
herbei/kommen   to follow, result
der Herd   stove
her/gehen über   to happen, be
going on
geht es über Spitzen her   Spitz is
attacked
her/kriegen   to bring forth
hernieder   on earth, here below
Herrjemine! Herrje!   Jiminy! Oh
my!
herum   around
herunter   down
herunter/schütteln   to shake down
das Herz   heart
vom Herzen   heartily
hienieden   down on earth, down
here
hier   here
hin   that way, over there
hin und her   back and forth, now
and then
hinauf   up
hinnen   there, the place
von hinnen   away from the place
aber kaum, dass er von hinnen
(geht)   but he has scarcely left
when . . .
hinten   at the back
hinunter   down
hinunter/schlucken   to swallow,
gulp down
hoch   highly
der Hof   yard

höflich polite
die Höflichkeit politeness, courtesy
die Höhe air, sky
  in die Höh to a high level, in the
  air
holen to fetch, get
hören to hear
die Hose pants, trousers
das Huhn hen, chicken
Die Hühnerschmaus chicken feast
die Hütte little house, hut

I

ihrerseits for their part
immer always

J

ja yes, indeed
der Jammer wailing, lamentation
das Jammerbild picture of misery
jeder each one, each, each one of
  them, every, everyone
jedermann everyone
jetzt now

K

der Käfer bug, beetle
die Käferkrabbelei beetle crawling
der Kaffeetopf coffee pot
die Kälte cold
die Kammer small room
kaum hardly, scarcely
kehren to turn
kein no, not any
  keines not one of them
der Keller cellar
kennen to know, be acquainted with
Kikeriki! Cock-a-doodle-do!
die Kirche church
das Kissen pillow
die Kiste box, chest, trunk
die Kleidungssache article of
  clothing
klein small
der Knabe boy
der Knopf button
kommen to come
  Ich komme ihm! I'll get him!

können (kann) to be able
der Kopf head
der Korn grain (old word)
krabbeln to crawl, creep
die Krabbeltiere crawly animals,
  creepy crawlers
krähen to crow
krampfhaft tightly, frantic
die Kreide chalk
das Kreuz cross
  übers Kreuz in a cross
  in die Kreuz und in die Quer in
  all directions, crosswise and
  sidewise
kriechen to creep, crawl
  gekrochen having crawled
kriegen to get
der Kuchen cake
der Kuchenteig cake dough
kühl cool
kurz shortly, in short

L

lachen to laugh
  lachen über to laugh about
lang long
  länger longer
laufen to run
laut loud
lauten to read, run, sound
leben to live
  lebend living, showing signs of life
lebendig alive
das Leben life
lebensfroh full of life, vivacious
der Lebenszweck life's goal
lecker greedy
legen to put, lay
lehren to teach
die Lehre lesson, warning
das Lehren the (act of) teaching
  die Lehren teachings
der Lehrer teacher
der Leib body
leicht light, easy
  leichter lighter, easier
leiden to suffer
  mögen leiden to like, put up with
  nicht leiden dislike

leiten to conduct, guide, carry out
lenken to mend, lead, pilot, direct
Schritte lenken to wend one's
way, direct one's steps
lesen to read
das Lesen the (act of) reading
lieb dear, lovable
lieblich lovely
liegen to lie (recline)
das Loch hole
los loose, free
los/gehen to go off, explode
die Lücke gap, break, space
das Lumpenpack rabble, riff-raff
lustig merry
sich lustig machen to make fun of

M

machen to make, do
das Magendrücken stomach-ache
mahlen to grind
der Maikäfer June bug
der Maltersack sack of corn
man one, someone, you, oneself
mancher many a
der Mantel coat
die Matratze mattress
Meck! Me-eh! (sound of a goat)
der Meerschaum meerschaum
(soft white clay)
die Meerschaumpfeife meerschaum
pipe
das Mehl flour
die Mehlkiste flour bin
meinen to say, mean
der Meister master, mister
der Mensch man, human being,
someone, a person
mild mild, soft, gentle, kind
mit/bringen to bring along
möchten would like (see mögen)
mögen to like
mögen leiden to put up with
mochten nicht leiden couldn't
stand
der Mohr Moor, black person
schwarz wie die Mohren black as
coal
der Morgen morning
Guten Morgen Good morning

morgens in the morning
die Mühe trouble, difficulty, effort
sich Mühe geben to take pains
sich Mühe machen to take pains
die Mühle mill
der Müller miller, Miller (person's
last name)
munter cheerful, happy
müssen (muss) to have to, must
die Mütze cap, hat

N

Na! Well!
nach after; to, toward
nach oben up above, upstairs
nach Hause (go) home
nackt naked
der Name name
nämlich namely, you see
die Nase nose
die Natur nature
necken to tease
nehmen to take
nein no
nennen to call, name
sich nennen to call oneself, be
called
neu new
aufs neu anew
niesen to sneeze
das Niesen the (act of) sneezing
noch still, yet
die Not misery, distress
das Notenheft sheet music
der Numero number (old word)
die Nummer number
nun now
nur only
nur noch only

O

ob if, whether
oben above
nach oben up above, upstairs
oder or
der Ofen oven, stove
das Ofenloch oven door
ohne without
ohne zu sagen without saying

oft often
oftmals often
das Ohr ear
der Onkel uncle
die Orgel organ
das Orgelspiel organ playing
der Ort place
die Ostern (pl.) Easter
die Osterzeit Eastertime

P

der Pantoffel slipper
perdü doomed
die Pfanne frying pan
das Pfeifchen favorite pipe
die Pfeife pipe
der Pfeifenkopf bowl of a pipe
der Pfühl cushion
die Plage trouble, misery
plötzlich suddenly
die Portion helping, portion
die Posse prank, trick, jest, joke
preisen to praise
  ist hoch zu preisen is to be highly
  praised
die Prise pinch of snuff
probieren to try, test
das Problem problem
Prosit! To your health!
das Pulver powder
der Pulverblitz powder explosion

Q

quälen to annoy
  quälen durch to work one's way
  through
quer cross, diagonal
  kreuz und quer in all directions

R

der Rabe raven, crow
Rawau! Woof!
die Rechnungssachen arithmetic,
  calculations
recht real, genuine, true
reissen to tear, pull
der Reiz thrill, attraction,
  fascination

riechen to smell
rinnen to run, flow
der Rücken back, rear
rufen to call
die Ruhe peace, quiet
  in Ruhe peacefully
  in sanfter Ruhe calmly
rundherum all about, all over

S

die Sache deed, thing
die Säge saw
sagen to say
  ohne ein Wort zu sagen without
  saying a word
sägen to saw
der Sand sand, grit
sanft gentle
  in sanfter Ruhe calmly
der Sauerkohl sauerkraut
sausen to rush, dash
scharren to scratch, scrape
schaufeln to shovel, dig
scheiden to leave, go off, die
schlafen to sleep
der Schlafrock dressing gown,
  pajamas
schlecht bad
sich schleichen to sneak
schlimm bad
  schlimmste worst
der Schlot chimney, flue
schlucken to swallow
der Schmerz grief; ache
schmurgeln to sputter, bubble
das Schnarchen the (act of) snoring
schneiden to cut
der Schneider tailor
die Schneiderarbeit tailoring
schnell quickly
schon already
schön beautiful
der Schopf tuft of hair
der Schornstein chimney, smoke-
  stack
der Schreck alarm, fear, shock
  ihm zum Schreck to his
  bewilderment
schrecklich terrible, terribly

das Schreiben the (act of) writing
schreien to scream
der Schritt step, footstep
schroten to grind up
schuldenfrei innocent, free of
  debts; free of guilt
die Schule school
schütteln to shake
schwärmen to crave, be
  enthusiastic over
schwarz black
die Schwelle doorstep, threshold
schwer heavy; difficult
schwimmen to swim
schwül oppressive, close, uneasy
  wird es schwüle becoming uneasy
sehen to look, see
das Sehnen longing, yearning
sei is, was, should be
  sei es if it be
  sei es, dass if it should happen
  that
sein to be
selbst even; himself
sinnen auf to think about, plan,
  devise
sitzen to sit
so thus, so, in this way
  so etwas such a thing
  so . . . so such and such
sodann then, in that case
sogleich immediately, right away
sollen (soll) to be supposed to,
  should
sondern but, on the contrary
der Sonntagsrock Sunday coat
sorgenschwer anxious, worried,
  beset with sorrow
der Sorgensitz easy chair
der Spektakel racket, noise,
  uproar, commotion
sperren to shut in, barricade
spitz tapered, pointed
der Spitz Pomeranian dog,
  common dog's name
sprechen to speak
springen to spring, jump
die Spur trace, clue
die Stadt city
stecken to stick, put, place

der Steg narrow path, footbridge
stehen to stand
stehlen to steal
der Stiefel boot
still silent, quiet
  im stillen silently
stolz proud
stopfen to stuff, fill
der Strang cord, rope, string
der Streich prank, joke
das Stück portion, piece
die Stube small room, chamber
der Stuhl chair
stumm silent, speechless
süss sweet

T

der Tabak tobacco
die Tabakdose can of tobacco
der Tag day
Tak! Peck!
die Tasche pocket
die Tat deed, action
tätig busy, active
  tätig bei der Sache busily at work,
  actively doing something
der Teig dough
der Teil part, portion
  hat ihr Teil is a complete loss
der Teller plate
das Tier animal
das Tintenfass inkstand
der Tisch table
der Tod death
die Todeshast fear of death
tönen to sound
tot dead
der Tote dead one
träg(e) lazy, slow
tragen to wear; carry; bear
trampeln to stamp, trample
die Träne tear, teardrop
die Trauer sadness, grief
der Trauerblick sorrowful glance,
  mournful glance
der Traum dream
traurig sad, unhappy
treiben to do; drive; set in motion
der Trichter funnel, cone

trocken dry
die Tücke spite, malice
tun to do
die Tüte paper cone, paper bag

U

die Übeltäterei evil deeds
üben to practice, exercise
  sich üben in to practice
über over, about
  übers Kreuz in a cross
die Übeltätigkeit wrong-doing,
  evil deeds
übrigens incidentally, by the way,
  besides
das Ufer bank, shore
umhüllen to envelope, cover,
  wrap up
das Ungetier monster
das Ungetüm monster
unterdessen meanwhile, in the
  meantime
unverdrossen untiring

V

verbrannt burned (see verbrennen)
verbrennen to burn, scorch
verdriesslich annoyed
  verdriesslich machen to annoy
der Verehrer admirer, lover, fan
das Vergnügen pleasure, joy
verlegen to move, transfer
vermehren to enrich, increase,
  multiply
vermittelst by means of, through
vernünftig sensible, reasonable
der Verstand understanding
das Versteck hiding place
verstehen to understand
versterben to breathe one's last, die
der Verstorbene dead one, deceased
  one
verwundert astounded
verzehren to consume, eat up
viel much
viele many
vier four
der Vogel bird

voll full
  voller full of
von of, from; according to
vor in front of, before
voran before, at the head, ahead
  der voran the one in front
der Vorbedacht premeditation
  mit Vorbedacht thinking ahead
vorbei done, past
vor/kommen to happen, occur
vorn(e) at the front, in the front
das Vorwort preface

W

wann when
  dann und wann now and then
war was (see sein)
  wäre would be
warm warm
warum why
was what, which, whatever; (etwas)
  anything, something
was für what kind of
  was für ein what a, what kind of a
das Wasser water
das Wasserglas waterglass
der Weg way, path
weg away
wegen on account of, because of
Wehe! Alas! O dear!
Wehe euch! Woe to you!
das Wehgeschrei wailing, cry of woe
weich gently, softly
weil because
weinen to cry
die Weisheit wisdom
weiss white
welcher which, who
wenn when, if, whenever
wer who; he who; those who
werden (wird) to become
  wird es schwüle are getting uneasy
das Wesen person, being
die Weste vest
wider against, contrary to
wie like; as; how
wieder again
wissen to know (fact)

die **Wissenschaft** knowledge, learning
die **Witwe** widow
der **Witz** joke
  Witz machen mit play a joke on
wo where
wofür for which, for what
wohl probably
wohnen to live
wollen (will) to want to
woraus with what, from what; out of; from which
das **Wort** word
  nur ein Wort only one word, a single word
wozu why, what for
wünschen to wish

Z

Zapperment! Zounds! Good grief!
die **Zeit** time

die **Zeitung** newspaper
die **Ziege** goat
  Du Ziegen-Böck! You stupid goat, Böck! (see Bock)
ziehen to pull, drag, draw
die **Zippelmütze** nightcap
zu too, to
der **Zucker** sugar
der **Zuckerlecker** sugar fiend
die **Zuckersachen** sweets
die **Zufriedenheit** satisfaction
zugemacht closed (see zumachen)
zu/machen to close
zurecht right, in order
  zurecht machen to prepare
zurück/kehren to return
zu/schliessen to close, lock up
zwar to be sure
zweite second
  zweitens secondly
die **Zwetsche** plum, prune (dialect)
zwicken to pinch, tweak